AF150833

BEI GRIN MACHT SICH IHR WISSEN BEZAHLT

- Wir veröffentlichen Ihre Hausarbeit,
  Bachelor- und Masterarbeit

- Ihr eigenes eBook und Buch -
  weltweit in allen wichtigen Shops

- Verdienen Sie an jedem Verkauf

Jetzt bei www.GRIN.com hochladen
und kostenlos publizieren

Bibliografische Information der Deutschen Nationalbibliothek:

Die Deutsche Bibliothek verzeichnet diese Publikation in der Deutschen National-bibliografie; detaillierte bibliografische Daten sind im Internet über http://dnb.d-nb.de/ abrufbar.

Dieses Werk sowie alle darin enthaltenen einzelnen Beiträge und Abbildungen sind urheberrechtlich geschützt. Jede Verwertung, die nicht ausdrücklich vom Urheberrechtsschutz zugelassen ist, bedarf der vorherigen Zustimmung des Verlages. Das gilt insbesondere für Vervielfältigungen, Bearbeitungen, Übersetzungen, Mikroverfilmungen, Auswertungen durch Datenbanken und für die Einspeicherung und Verarbeitung in elektronische Systeme. Alle Rechte, auch die des auszugsweisen Nachdrucks, der fotomechanischen Wiedergabe (einschließlich Mikrokopie) sowie der Auswertung durch Datenbanken oder ähnliche Einrichtungen, vorbehalten.

Impressum:

Copyright © 2017 GRIN Verlag
Druck und Bindung: Books on Demand GmbH, Norderstedt Germany
ISBN: 9783346153685

Dieses Buch bei GRIN:

https://www.grin.com/document/538792

Anonym

Wie werden Flüchtlingskinder in das deutsche Schulsystem integriert?

GRIN Verlag

GRIN - Your knowledge has value

Der GRIN Verlag publiziert seit 1998 wissenschaftliche Arbeiten von Studenten, Hochschullehrern und anderen Akademikern als eBook und gedrucktes Buch. Die Verlagswebsite www.grin.com ist die ideale Plattform zur Veröffentlichung von Hausarbeiten, Abschlussarbeiten, wissenschaftlichen Aufsätzen, Dissertationen und Fachbüchern.

Besuchen Sie uns im Internet:

http://www.grin.com/

http://www.facebook.com/grincom

http://www.twitter.com/grin_com

1. Einleitung:

Laut dem Bundesamt für Migration und Flüchtlinge wurden im Jahr 2015 70.501 Erstanträge auf Asyl von syrischen Flüchtlingen registriert. Sie machen den Großteil aller Flüchtlinge aus, die nach Deutschland kommen. Weitere Herkunftsländer sind Albanien, Kosovo, Irak, Afghanistan, Serbien, Eritrea und Mazedonien (ARD: Woher kommen die Flüchtlinge aus Deutschland?). Laut Bundeszentrale für politische Bildung sind Flüchtlinge aus Syrien, Afghanistan und dem Irak vor Krieg und Terror geflohen. In den Ländern herrschen katastrophale Zuständen, weil viele Häuser zerstört wurden und es zudem an Lebensmitteln und Medikamenten mangelt. Die meisten Flüchtlinge flohen 2015 über die Balkanroute, die über Griechenland, Mazedonien und Serbien führte und auf der viele Menschen bei der Überfahrt über das Mittelmehr ertranken (bpb: Flucht nach Deutschland).

Laut der Allgemeinen Erklärung der Menschenrechte (1948), Artikel 26, hat jeder Mensch das Recht auf Bildung. Das Bundesamt für Migration und Flüchtlingen (BAMF) geht von 20 bis 30 Prozent schulpflichtigen Kindern und Jugendlichen bei einer Gesamtzahl von 800,000 Flüchtlingen aus. (Kultusministerkonferenz: Integration). Dies sind zwar nur 2 bis 3 Prozent der Schüler in Deutschland, aber da es sich um eine sehr heterogene Schülergruppe handelt, ist die Eingliederung in das Regelschulsystem schwierig.(Deutscher Lehrerverband: 10Punkte). Michael Becker-Mrotzek, Direktor des Mercator-Instituts für Sprachförderung an der Uni Köln, fordert mehr Lehrer, mehr Aus- und Fortbildung und Sprachcoaches an deutschen Schulen(web.de: Didacta).

In dieser Hausarbeit beschäftige ich mich mit der Frage, wie Flüchtlingskinder in das deutsche Schulsystem integriert werden und welche Probleme dabei auftreten können. Im Folgenden definiere ich die Begriffe Integration und Flüchtling, gehe dann auf das unentbehrliche Grundrecht Bildung und die Rolle der allgemeinen Schulpflicht und der der neu zugewanderten Kinder und Jugendlichen ein. Desweiteren erläutere ich das deutsche Schulsystem und den Versuch der Eingliederung von Flüchtlingskindern mithilfe von schulorganisatorischen Modellen. Das darauffolgende Kapitel befasst sich mit möglichen Problemen, die die schulische Integration von Flüchtlingskindern mit sich bringen. Abschließend beantworte ich die Fragestellung.

2. Definition des Begriffs Flüchtling

Nach Artikel 1 der Genfer Flüchtlingskonvention von 1951 ist ein Flüchtling eine Person, die" [...] aus der begründeten Furcht vor Verfolgung wegen ihrer Rasse, Religion, Nationalität, Zugehörigkeit zu einer bestimmten sozialen Gruppe oder wegen ihrer politischen Überzeugung sich außerhalb des Landes befindet, dessen Staatsangehörigkeit sie besitzt, und den Schutz dieses Landes nicht in Anspruch nehmen kann oder wegen dieser Befürchtungen nicht in Anspruch nehmen will [...]" (Genfer Flüchtlingskonvention von 1951). Zudem muss unterschieden werden, ob ein Mensch sein Heimatland aus verschiedensten Gründen wie z.B. Krieg oder Verfolgung verlassen musste, wie es heutzutage die Menschen in Syrien tun müssen, und es sich somit um einen Flüchtling handelt, oder ob ein Mensch sein Heimatland aus wirtschaftlichen Gründen freiwillig verlässt. (United Nations High Commissioner for Refugees, UNHCR: Flüchtlinge). Ein weitere schwerwiegender Grund ist Verfolgung, die nach den Richtlinien zum internationalen Schutz der Flüchtlinge des UNHCR dann vorliegt, wenn ein Mensch darin eingeschränkt wird seinen Lebensunterhalt zu verdienen, seine Religion auszuüben oder vom Bildungssystem ausgeschlossen wird (UNHCR - Richtlinien zum Internationalen Schutz).

3. Definition von Integration

Integration im politisch-gesellschaftlichen Sinne ist die Eingliederung von ethnisch, religiös und sprachlich verschiedenen Personen und Bevölkerungsgruppen. (bpb: Integration). Integration ist die Einbindung von Menschen in die Gesellschaft (BAMPF: Glossar). Unter Integration ist „[...] der Einbezug [von Personen] in das gesellschaftliche Geschehen, der Beteiligung am Bildungssystem und am Arbeitsmarkt, der Entstehung sozialer Akzeptanz, der Aufnahme von interethnischen Freundschaften, der Beteiligung am öffentlichen und am poltischen Leben und auch an der emotionalen Identifikation mit dem Aufnahmeland."(Esser, 2004, S.202)

4. Bildung als Grundrecht

Laut Artikel 14(1,2) der Charta der Grundrechte der europäischen Union (2010/C 83/02) steht jedem das Recht auf unentgeltliche Bildung und eine berufliche Ausbildung zu (Charta der Europäischen Union). Nach Artikel 1(7) des allgemeinen Gleichbehandlungsgesetz vom 14. August 2006 (BGBl. I S. 1897), darf niemand aufgrund seiner Rasse, seiner Religion, seiner ethnischen Herkunft, seiner sexuellen Identität ,seines Alters , und unter anderem auch nicht im Bereich der Bildung benachteiligt werden (Allgemeines Gleichbehandlungsgesetz AGG). Auch Kinder haben ein Recht auf Bildung wie Artikel 28 der UN Kinderrechtskonvention von 1989 deutlich macht. Der Staat verpflichtet sich die Grundschulbildung verbindlich und unentgeltlich zu machen. Der Staat ist dafür verantwortlich, Hochschulen und weiterführende Schulen für alle Kinder bereit zu stellen und Bildungs-und Berufsberatung anzubieten (UN-Kinderrechtskonvention). Im Grundgesetz der Bundesrepublik Deutschland ist nicht explizit das Recht auf Bildung erwähnt, jedoch wird in Artikel 3 im Grundgesetz auf die Gleichheit vor dem Gesetz und die Chancengleichheit thematisiert. „Niemand darf wegen seines Geschlechtes, seiner Abstammung, seiner Rasse, seiner Sprache, seiner Heimat und Herkunft, seines Glaubens, seiner religiösen oder politischen Anschauungen benachteiligt oder bevorzugt werden." (GG Artikel 3).

5. Das deutsche Schulsystem

Das Schulsystem in Deutschland besteht aus drei Bildungsbereichen: dem Primärbereich, dem Sekundarbereich I und dem Sekundarbereich II. Die Grundschule ist die Bildungseinrichtung des Primärbereichs. Die Grundschule umfasst in den meisten Bundesländern die ersten vier Schuljahre, in den neuen Bundesländern und in Berlin sechs Schuljahre. Diese endet mit einer Schullaufbahnempfehlung, nach der die Eltern in den meisten Bundesländern frei entscheiden können, welche weiterführende Schule ihr Kind besuchen soll.

Unter den Sekundarbereich I fällt die Sekundarstufe I. Diese gliedert sich in folgende verschiedene Schulformen: Das Gymnasium, die Realschule und die Hauptschule, die alle auf einen bestimmten Abschluss gerichtet sind und unterschiedlich enden. Außerdem gibt es Schularten in denen zwei oder drei der beschriebenen Schulformen kombiniert werden. In den koopertativen oder additiven Gesamtschulen werden der Haupt und Realschulbildungsgang mit dem Gymnasialbildungsgang zusammengefasst. Jedoch gibt es auch Schularten, die nur den Haupt-und Realschulbildungsgang anbieten. Integrative Gesamtschulen unterscheiden sich darin, dass sie die Unterrichtsfächer in unterschiedlichem Niveau anbieten, auch Förder-, Grund- und Erweiterungskurse genannt.

Die allgemeinbilden sowie die beruflichen Vollzeitschulen als auch die gymnasiale Oberstufe und die Oberstufe sind unter dem Sekundarbereich II bzw der Sekundarstufe II einzuordnen. Für Jugendliche mit mittleren Schulabschluss (MSA) und dem entsprechenden Notendurchschnitt bietet sich z.B das Fachgymnasium. Die fachgebundene Hochschulreife bzw. zur Fachhochschulreife kann durch den Besuch eines beruflich orientierten Bildungsganges erlangt werden. Der Abschluss der allgemeinen Hochschulreife bietet sich unter anderem an einer gymnasialen Oberstufe an (bpb: Schulsystem).

6.Schulpflicht

Der Erziehungsauftrag durch den Staat wird im Grundgesetz der Bundesrepublik in Artikel 7(1) deutlich: „Das gesamte Schulwesen steht unter der Aufsicht des Staates". (GG Artikel 7). Um von Seiten des Staates Bildung für jedermann nutzbar zu machen ist die Schulpflicht unentgeltlich. „Die Schulpflicht dient dem Kindeswohl. Sie stellt sicher, dass Kinder von staatlicher Seite Bildung erhalten, die auf die Entfaltung ihrer Persönlichkeit und auf ihre Verwirklichungschancen gerichtet ist." (Motakef 2006, S.32). Insgesamt dauert die Schulpflicht eines Kindes in Deutschland zwölf Jahre und beginnt für alle Kinder mit Vollendung des sechsten Lebensjahres. Es ist zwischen Vollzeitschulpflicht, auch allgemeine Schulpflicht genannt, und der Teilzeitschulpflicht bzw. Berufsschulpflicht zu unterscheiden. Die allgemeine Schulpflicht umfasst in den meisten Bundesländern neun Vollzeitschuljahre, während die Teilzeitschulpflicht drei Jahre dauert. (Duden Recht A-Z). Jedoch gibt es auch hier Unterschiede zwischen den Bundesländern. In Bremen, Berlin und Brandenburg beträgt die allgemeine Schulpflicht zehn Vollschuljahre. In Nordrhein-Westfallen sind am Gymnasium neun und an weiterführenden allgemeinbildenden Schulen zehn Jahre an Schulpflicht vorgesehen. Behinderte Kinder und Jugendliche sind zudem auch schulpflichtig (KMK: Allgemeinbildende Schulen). Solange keine Ausbildung besteht endet mit dem 18.Lebensjahr in allen Bundesländern die Schulpflicht ausgenommen im Saarland und in Thüringen. Dort kann sie bis zum 21.Lebensjahr andauern (Duden Recht A-Z).

7.Schulpflicht für Flüchtlingskinder

200,000 neu zugewanderte schulpflichtige Kinder und Jugendliche im Alter von 6-18 Jahren sind 2015 in Deutschland aufgenommen worden. Somit hat sich der Anteil der schulpflichtigen Asylbewerberinnen und –Bewerber seit 2014, gemessen an der gesamten Schülerschaft in Deutschland, von ein auf zwei Prozent verdoppelt. (von Dewitz et al. 2016, S.10). Es gibt keine einheitliche Regelung der Bundesländer, ab welchem Zeitpunkt die Schulpflicht von Asyl suchenden Kindern beginnt. Die meisten Bundesländer regeln daher unabhängig voneinander die Pflicht zum Schulbesuch neu zugewanderter Kinder und Jugendlicher in ihren Schulgesetzen oder in Verwaltungsvorschriften (von Dewitz et al. 2016, S.36). Im Saarland und in Berlin sind schulpflichtige Asylbewerber und -Bewerberinnen uneingeschränkt von Beginn an am Besuch der Schule verpflichtet. Andere Bundesländer wie Rheinland- Pfalz schreiben die Schulpflicht von neu zugewanderten Kindern und Jugendlichen erst mit Ankunft in eine Gemeinde und einer Aufenthaltserlaubnis vor - siehe §56 des Rheinland- pfälzischen Schulgesetzes. Jedoch kann es bis zu drei Monaten dauern, das Asylbewerber und –Bewerberinnen von einer Landesaufnahmeeinrichtung in eine Gemeinde, Kommune oder einen Landkreis aufgenommen werden. „Das Verfahren kann derzeit mehrere Monate, teilweise länger als ein Jahr dauern. Auch wenn in diesem Zeitraum ein Recht auf Schulbesuch besteht, sind die Kinder und Jugendlichen häufig faktisch vom Schulbesuch ausgeschlossen", kritisiert Mona Massumi, abgeordnete Lehrerin am ZfL und Mitautorin der Studie „Neu zugewanderte Kinder, Jugendliche und junge Erwachsene“. Thüringen wie auch andere Bundesländer legen die Schulpflicht von Asylbewerber und-Bewerberinnen erst mit einer drei bis sechs monatigen Aufenthaltsdauer fest. Dabei spielt deren Zuweisung zu einer Kommune oder einer Gemeinde keine Rolle. (von Dewitz et al.

2016, S.37). „Es ist Aufgabe der Länder, den Schulzugang gesetzlich zu verankern und die Umsetzung sicherzustellen. Kein Kind sollte vom Schulbesuch ausgeschlossen werden", sagt Dr. Nora von Dewitz, wissenschaftliche Mitarbeiterin am Mercator-Institut und Mitautorin der Studie (Mercator Institut 2016).

In Hamburg findet umgehend nach der Ankunft Asyl suchender Kinder und Jugendlicher in Erstaufnahmeeinrichtungen die Beschulung und Vermittlung der deutschen Sprache statt. Sie schulpflichtigen Kinder werden dort je nach Alter in verschiedenen Lerngruppen sechs Schulstunden täglich unterrichtet. Ziel ist es, sie bestmöglich auf den Besuch einer Regelschule vorzubereiten (hamburg.de: Zuwanderung).

8. Schulorganisatorische Modelle

„Das Beherrschen der deutschen Sprache beeinflusst entscheidend den Erfolg von Kindern und Jugendlichen in Schule und Beruf und ist damit Voraussetzung für eine gelingende Integration" (Hessisches Kultusministerium: Gesamtsprachförderkonzept).

Um an der Gesellschaft mitwirken und teilhaben zu können ist der schnelle Spracherwerb der schulpflichtigen Flüchtlinge beispielsweise mithilfe von Sprachfördergruppen und die Vermittlung von Bildung und Grundwerten unerlässlich (KMK: Integration). Die Bundesländer unterscheiden sich in bezug auf die schulorganisatorische Einbindung von Flüchtlingskindern (von Dewitz 2016, Stellungnahme Bundestag). Grundsätzlich lassen sich fünf verschiedene Modelle zur Sprachförderung von neu zugewanderten Schüler und Schülerinnen voneinander unterscheiden: Das submersive Modell, das integrative Modell, das teilintegrative, das parallele Modell und das parallele Modell mit Schulabschluss. Nach dem submersiven Modell findet keine spezifische Sprachförderung für die neu zugewanderten Kinder und Jugendliche statt. Sie nehmen am Unterricht in der Regelklasse mit allgemeiner Sprachförderung teil. Zusätzliche Sprachförderung im Fach Deutsch und gleichzeitige Teilnahme am Unterricht in einer Regelklasse bietet das integrative Modell. Das teilintegrative Modell unterscheidet sich darin, dass neu zugewanderten Kinder und Jugendliche in einer zusätzlich eingerichteten Klassenverband mit spezifischer Sprachförderung unterrichtet werden und zudem in einigen Fächern am Regelunterricht teilnehmen. Laut dem parallelen Modell nehmen die Kinder und Jugendlichen nicht am Unterricht in einer Regelklasse teil, sondern werden in einem Zeitraum von sechs bis achtzehn Monaten in einer speziell eingerichteten Klasse in allen Fächern unterrichtet. Bei dem parallelen Modell mit Schulabschluss verbringen die neu zugewanderten Kinder und Jugendlichen ihre gesamte Schulzeit in einem für sie speziell eingerichteten Klassenverband, in dem sie bis zu ihrem Schulabschluss in allen Fächern unterrichtet werden (von Dewitz et al. 2016, S.44).

Da das Lesen und Schreiben der deutschen Sprache in der Primarstufe noch nicht vorausgesetzt wird und erst neu erlernt wird, nehmen die neu zugewanderten Kinder in den vielen Bundesländern an der allgemeinen Sprachförderung in den Regelklassen teil. Dabei handelt es sich um das submersive Modell, welches an den Grundschulen zum Erlernen der deutschen Sprache zunutze gemacht wird. In einigen Bundesländern wird das integrative Modell an Grundschulen angewandt, jedoch ist eine wöchentliche Höchststundenzahl vorgeschrieben an denen die neu zugewanderten Kinder zusätzlich eine spezielle Sprachförderung erhalten. In Niedersachsen ist beispielsweise eine zweistündige Sprachförderung in der Woche festgelegt. Mecklenburg-Vorpommern bietet das teilintegrative Modell an den Grundschulen an. Hier wird neu zugewanderten Schüler und Schülerinnen in speziell eingerichteten Klassen die deutsche Sprache mithilfe von Förderangeboten näher gebracht. Es sind hierfür zehn Wochenstunden vorgesehen.(von Dewitz et al. 2016, S.46). In Hessen werden neu zugewanderte Kinder, die die deutsche Sprache noch nicht beherrschen, in den Grundschulen in Intensivklassen aufgenommen, die eine gezielte Sprachförderung verfolgen. In der Regel werden die Kinder dort ein Schuljahr unterrichtet, jedoch kann die Dauer gegebenenfalls verkürzt oder auf zwei Schuljahre verlängert werden (hessen.de: Auf der Flucht).

In der Sekundarstufe I können neu zugewanderte Kinder und Jugendliche je nach Kenntnisstand an dem einen oder anderen Fach in der Regelklasse teilnehmen wie z.B. am Erlernen einer Fremdsprache, soweit dies möglich ist. Gleichzeitig erhalten sie zudem eine spezielle Sprachförderung in einer separat eingerichteten Klasse. Sie erhalten von der Förderlehrkraft einen individuell angefertigten Stundenplan mit den zu besuchenden Fächern in der Regelklasse und den vorgeschrieben Stunden in einem Vorkurs. Es handelt sich hierbei um das teilintegrative Modell, das in vielen Bundesländern wie Bremen in der

Sekundarstufe I angeboten wird (von Dewitz et al. 2016, S.48, 49). In der Sekundarstufe II werden das integrative sowie das teilintegrative Modell in gleicher Form wie in der Sekundarstufe I fortgesetzt. In der Sekundarstufe II kommt jedoch ein weiteres Modell, das parallele Modell mit Schulabschluss, hinzu. Demnach bietet sich für neu zugewanderte Schüler und Schülerinnen an einer berufsbildenden Schule die Möglichkeit, in einer parallel geführten Klasse einen qualifizierten Schulabschluss anzustreben (von Dewitz et al. 2016, S.50).

Eine eindeutige Empfehlung, welches Modell zu den besten Ergebnissen führt, kann bislang nicht gegeben werden, zumal sich die Gegebenheiten vor Ort stark unterscheiden können." (von Dewitz 2016, Stellungnahme Bundestag)

9. Mögliche Probleme bei der schulischen Integration

„Mehr als 12.000 Lehrer wurden bereits zusätzlich eingestellt, weitere sollen dieses und kommendes Jahr folgen" (Spiegel Online 11.04.2016). "Wir brauchen mehr Lehrer, Aus- und Fortbildung, Sprachcoaches in den Schulen", betont Michael Becker-Mrotzek, Direktor des Mercator-Instituts für Sprachförderung an der Uni Köln. Außerdem existiere derzeit noch zu wenig geeignetes Lernmaterial. Es gäbe außerdem zu wenig Lehrer, sodass Pensionäre und Seiteneinsteiger eingestellt werden müssten. Eine Lösung hierfür sei es, qualifizierte Flüchtlinge in Erstaufnahmeeinrichtungen die dort lebenden Kinder und Jugendlichen in der Herkunftssprache in verschiedenen Fächern zu unterrichten, so Marlis Tepe, Vorsitzende der Gewerkschaft Erziehung und Wissenschaft (GEW). Laut Sanne Kleff, Bundeskoordinatorin des Netzwerks Schule ohne Rassismus, seien die Schulen bisher weder genügend in der Beschaffung von zusätzlichen Ressourcen noch in Schulungen oder Konzepten unterstützt worden. Sie fordert zudem in die Ausbildung von Lehrern und Erziehern, Deutsch als Zweitsprache zu integrieren. .© (web.de: Didacta). Die Kinder sollen möglichst schnell eine Schule besuchen und an ergänzenden Sprachkursen teilnehmen können.(UNICEF Lagebericht, 2016, S.23) Jedoch ist dies laut der UNICEF-Studie „In erster Linie Kinder – Flüchtlingskinder in Deutschland" von 2014 nicht immer möglich, da oftmals keine freien Schulplätze vorhanden sind oder keine Sprachlernangebote bereit stehen. Außerdem bietet sich für über 16 jährige neu zugewanderte Jugendliche keine gleichwertige Bildungschance und keinen Zugang zum dreigliedrigen Schulsystem. In Folge dessen wird ihnen ein Ausbildungsplatz verwehrt, da sie keinen Abschluss vorweisen können (UNICEF Studie 2014, S.49).

Hinzu kommt die psychische Belastung der neu zugewanderten Kinder und Jugendlichen, die durch das Miterleben von Krieg, Verlust von Angehörigen, Gewalt und Flucht geprägt wurde und hierzulande meist nicht genügend betreut oder therapiert wird (UNICEF Lagebericht, 2016, S.11). „Notwendig sind auch psychosoziale Betreuungsangebote, vor allem in den Erstaufnahmen, zum Beispiel Spielangebote durch geschulte Betreuerinnen und Betreuer", fordert UNICEF (UNICEF Lagebericht 2016, S.23)

Ein weiteres Problem sind die Zustände, die in vielen Unterkünften herrschen. Die neu zugewanderten Kinder und Jugendlichen leiden unter den Wohnbedingungen in den Flüchtlingsunterkünften. Sie verfügen weder über genügend Privatsphäre noch genug Platz, da pro Person nur vier bis sieben Quadratmeter Wohnfläche vorgesehen sind (UNICEF – Studie 2014, S.37). Da in deutschen Großstädten wie Berlin ohnehin ein großer Mangel an freien Wohnungen bestehlt, verweilen die Flüchtlinge mit ihren Kindern infolge dessen oftmals sechs und mehr Monate in Containerdörfern, umfunktionierten Turnhallen oder großen Gemeinschaftsunterkünften. Dort ist die Gefahr von Gewalt an Kindern seitens anderer Bewohner, des Personals oder als Folge rassistischen Vorgehens nicht auszuschließen, da es an Schutzkonzepten mangelt. Laut Artikel 3(3,4) des Sozialgesetzbuches (SGB VIII) für Kinder-und Jugendhilfe soll die Jugendhilfe „.Kinder und Jugendliche vor Gefahren für ihr Wohl schützen" und „ dazu beitragen, positive Lebensbedingungen für junge Menschen und ihre Familien sowie eine Kinder- und familienfreundliche Umwelt zu erhalten oder zu schaffen". Eine größere Chance in einer Wohnung untergerbacht zu werden besteht für neu zugewanderte Familien mit Kindern in Sachsen, da dort viele Wohnungen leer stehen (UNICEF Lagebericht 2016, S.9)

10. Fazit

Im Laufe dieser Hausarbeit habe ich die leitende Fragestellung, wie Flüchtlingskinder in das deutsche Schulsystem integriert werden und welche Probleme dabei auftreten können, durch mehrere Ansatzpunkte und Argumentationen Schritt für Schritt bearbeitet. Dass auch Flüchtlingskinder ein Recht auf Bildung haben, wurde durch die in Deutschland herrschenden gesetzlichen Grundlagen unterstrichen. Desweiteren unterstehen die Kinder und Jugendlichen in allen Bundesländern der Schulpflicht, die in den meisten Fällen bis zum 18. Lebensjahr geht. Der Beginn der Schulpflicht für Asyl suchende Kinder ist jedoch nicht für alle Bundesländer einheitlich geregelt. Die Pflicht zum Schulbesuch neu zugewanderter Kinder und Jugendlicher wird daher in den Verwaltungsgesetzen der einzelnen Bundesländer unabhängig voneinander verordnet. Je nach Alter werden die Flüchtlingskinder den Bildungsbereichen des deutschen Schulsystems zugeordnet. Zu den Bildungsbereichen gehört der Primärbereich, der Sekundarbereich I und der Sekundarbereich II. Um die neu zugewanderten Kinder und Jugendlichen in das Schulsystem einbeziehen und zu fördern wurden fünf verschiedene Modelle entwickelt, die der Sprachförderung dienen sollen. Diese sind das submersive Modell, das integrative Modell, das teilintegrative, das parallele Modell und das parallele Modell mit Schulabschluss. In den Bundesländern werden jeweils unterschiedliche Modelle angewendet, in denen die Flüchtlingskinder teils zusätzliche Sprachförderung im Fach Deutsch erhalten oder nur an der allgemeinen Sprachförderung teilnehmen. Jedoch wird ein schulischer Werdegang den Jugendlichen ab 16 Jahren meist nicht ermöglicht. Außerdem mangelt es an den Kapazitäten, wie an geeignetem Lernmaterial, genügend Lehrkräften und mehr Aus-und Fortbildungen, die Deutsch als Zweitsprache anbieten. Des Weiteren existieren nicht genügend Schulplätze und Sprachkurse. Zudem benötigen viele neu zugewanderte Kinder und Jugendliche, die vor Krieg, Armut oder anderen Umständen geflohen sind und an psychischer Belastung durch Traumata leiden, therapeutische Beratung. Darüber hinaus leben die Flüchtlingskinder mit ihren Familien aufgrund des Wohnungsmangels in vielen deutschen Städten unter ungünstigen Umständen, die den Kindern und Jugendlichen kaum Platz für Privatsphäre, Raum zum Lernen und dem Bearbeiten von Hausarbeiten bieten.

Die Frage, wie Flüchtlingskinder in das deutsche Schulsystem integriert werden, wurde in der Hausarbeit beantwortet. Jedoch stellen sich die Fragen, ob das deutsche Schulsystem genügend Konzepte zur Förderung und zu einem reibungslosen Übergang in die Regelklassen bereitstellt und wie die Kinder es schaffen, unter den genannten Gegebenheiten gute Schulleistungen zu erbringen ,um später einen Schulabschluss absolvieren zu können. Zudem ergibt sich die Frage, ob neu zugewanderte Jugendlichen ab dem sechszehnten Lebensjahr mit mangelnden deutschen Sprachkenntnissen und Ausbildungsplatz erhalten und ob sie sich anschließend in den deutschen Arbeitsmarkt integrieren lassen. Die offenen Fragen sollen auf die schwierige und noch ungewisse Zukunftsperspektive der schulischen Entwicklung von Flüchtlingskindern hinweisen.

Literatur und Quellen

ARD: Woher kommen die Flüchtlinge in Deutschland?
http://www.daserste.de/information/politik-weltgeschehen/mittagsmagazin/sendung/2014/woher-kommen-die-fluechtlinge-in-deutschland-100.html Zugriff: 12.12.2016

Allgemeines Gleichbehandlungsgesetz (AGG)
https://www.gesetze-im-internet.de/bundesrecht/agg/gesamt.pdf
Zugriff: 14.12.2016

Bundesamt für Migration und Flüchtlinge (BAMF): Glossar
https://www.bamf.de/DE/Service/Left/Glossary/_function/glossar.html?lv3=1504494&lv2=5831826 Zugriff am 13.12.2016

Bundeszentrale für politische Bildung (bpb): Flüchtlinge
http://www.bpb.de/die-bpb/informationen-in-leichter-sprache/226098/flucht-nach-deutschland Zugriff am 17.12.2016

Bundeszentrale für politische Bildung (bpb): Integration
http://www.bpb.de/nachschlagen/lexika/17643/integration Zugriff: 13.12.2016

Bundeszentrale für politische Bildung (bpb): Schulsystem
http://www.bpb.de/gesellschaft/163283/das-bildungssystem-in-deutschland Zugriff: 15.12.2016

Charta der Europäischen Union http://eur-lex.europa.eu/LexUriServ/LexUriServ.do?uri=OJ:C:2010:083:0389:0403:DE:PDF
Zugriff: 13.12.2016

Deutscher Lehrerverband
http://www.lehrerverband.de/Deutscher_Lehrerverband_Integration_10_Punkte.pdff
Zugriff 12.12.2016

Duden Recht A-Z Fachlexikon für Studium, Ausbildung und Beruf. 3. Aufl. Berlin: Bibliographisches Institut 2015. Lizenzausgabe Bonn: Bundeszentrale für politische Bildung. http://www.bpb.de/nachschlagen/lexika/recht-a-z/22855/schulpflicht Zugriff: 16.12.2016

Esser, Hartmut (2004): Was ist denn daran am Begriff der „Leitkultur".
In R. Kecskes, M. Wagner, C. Wolf (Hrsg.), Angewandte Sozialwissenschaften (S.199-214). Wiesbaden: Verlag für Sozialwissenschaften.

Genfer Flüchtlingskonvention von 1951
http://www.asyl.net/fileadmin/user_upload/gesetzetexte/gfk.prn.pdf Zugriff: 13.12.2016

GG Artikel 3 https://dejure.org/gesetze/GG/3.html Zugriff: 14.12.2016

GG Artikel 7 https://www.gesetze-im-internet.de/gg/art_7.html Zugriff 15.12.2016

hamburg.de: Zuwanderung http://www.hamburg.de/schule-fuer-fluechtlinge/4608870/vorbereitung-auf-regelschule/ Zugriff 18.12.2016

hessen.de: Auf der Flucht https://fluechtlinge.hessen.de/flucht-asyl/hessen-handelt/integration/integration-durch-sprachfoerderung Zugriff 18.12.2016

Hessisches Kultusministerium: Gesamtsprachförderkonzept
https://kultusministerium.hessen.de/schule/individuelle-foerderung/hessisches-gesamtsprachfoerderkonzept Zugriff: 18.12.2016

Kultusministerkonferenz (KMK): Integration
https://www.kmk.org/aktuelles/artikelansicht/kultusministerkonferenz-mit-bildung-gelingt-integration.html Zugriff: 12.12.2016, 18.12.2016

Kultusministerkonferenz (KMK): Allgemeinbildende Schulen
https://www.kmk.org/themen/allgemeinbildende-schulen/bildungswege-und-abschluesse.htmll Zugriff 17.12.2016

Mercator Institut 2016 http://www.mercator-institut-sprachfoerderung.de/aktuelles/meldung/2016/studie-schulen-muessen-sich-auf-200000-neu-zugewanderte-kinder-und-jugendliche Zugriff: 18.12.2016

Motakef, Mona (2006): Studie: Recht auf Bildung, Das Menschenrecht auf Bildung und der Schutz vor Diskriminierung Exklusionsrisiken und Inklusionschancen. Deutsches Institut für Menschenrechte 2006.

Spiegel Online 11.04.2016
 http://www.spiegel.de/lebenundlernen/schule/fluechtlingskinder-an-schulen-so-viele-sind-es-wirklich-a-1084033.html

UNHCR - Richtlinien zum Internationalen Schutz
http://www.unhcr.de/fileadmin/rechtsinfos/fluechtlingsrecht/1_international/1_1_voelkerrecht/1_1_3/FR_int_vr_rl-Richtlinie_Zsf.pdf Zugriff: 16.12.2016

UNICEF Lagebericht zur Situation der Flüchtlingskinder in Deutschland 2016
https://www.unicef.de/blob/115186/de54a5d3a8b6ea03337b489816eeaa08/zur-situation-der-fluechtlingskinder-in-deutschland-data.pdf Zugriff 19.12.2016

UNICEF Studie (2014): In erster Linie Kinder – Flüchtlingskinder in Deutschland
https://www.unicef.de/blob/56282/fa13c2eefcd41dfca5d89d44c72e72e3/fluechtlingski
nder-in-deutschland-unicef-studie-2014-data.pdf Zugriff 19.12.2016

United Nations High Commissioner for Refugees, UNHCR: Flüchtlinge
http://www.unhcr.de/mandat/fluechtlinge.html Zugriff: 13.12.2016

UN Kinderrechtskonvention https://www.kinderrechtskonvention.info/recht-
auf-bildung-recht-auf-schule-3620/ Zugriff: 13.12.2016

von Dewitz, Nora, Massumi, Mona, Grießbach, Johanna (2016): Studie: Neu
zugewanderte Kinder, Jugendliche und junge Erwachsene. Zentrum für
LehrerInnenbildung (ZfL) der Universität Köln 2006. http://zfl.uni-koeln.de/studie-
zuwanderung-2016.html

von Dewitz (2016): Stellungnahme Bundestag
https://www.bundestag.de/blob/408940/cdd23267fe49dca842a5499cbf8921ab/stellu
ngnahme_von-dewitz-data.pdf Zugriff: 18.12.2016

web.de: Didacta   dpa http://web.de/magazine/geld-karriere/didacta-2016-
fluechtlinge-herausforderung-deutsche-bildungssystem-31354386 Zugriff:
12.12.2016

BEI GRIN MACHT SICH IHR WISSEN BEZAHLT

- Wir veröffentlichen Ihre Hausarbeit,
  Bachelor- und Masterarbeit

- Ihr eigenes eBook und Buch -
  weltweit in allen wichtigen Shops

- Verdienen Sie an jedem Verkauf

Jetzt bei www.GRIN.com hochladen
und kostenlos publizieren